나 항상 네 곁에 있어

I'm Still Here: A Dog's Purpose Forever
by Cathryn Michon, Illustrations by Seth Taylor
Copyright ⓒ 2024 by Cathryn Michon
Artwork copyright by Cathryn Michon and Seth Taylor
All rights reserved.

This Korean edition was published by Bookie Publishing House, Inc. in 2025
by arrangement with Andrews McMeel Publishing, a division of Andrews McMeel Universal
through KCC(Korea Copyright Center Inc.), Seoul.

이 책은 (주)한국저작권센터(KCC)를 통한 저작권자와의 독점계약으로
(주)부키에서 출간되었습니다. 저작권법에 의해 한국 내에서 보호를 받는 저작물이므로
무단전재와 복제를 금합니다.

캐스린 미송 글
세스 테일러 그림

민승남 옮김

나 항상
네 곁에
있어

I'm still here—A dog's purpose forever

나보다 더 나를
사랑한 존재로부터 온 편지

나 항상
네 곁에
있어

초판 1쇄 발행 2025년 10월 27일

글 캐스린 미송 | 그림 세스 테일러 | 옮긴이 민승남 | 발행인 박윤우 | 편집 김유진 박영서 박혜민 백은영 성한경 유소영 장미숙 | 마케팅 박서연 정미진 정시원 조아현 함석영 | 디자인 박아형 이세연 | 경영지원 이지영 주진호 | 발행처 부키(주) | 출판신고 2012년 9월 27일 | 주소 서울시 마포구 양화로 125 경남관광빌딩 7층 | 전화 02-325-0846 | 팩스 02-325-0841 | 이메일 webmaster@bookie.co.kr | ISBN 979-11-93528-87-7 03840

• 잘못된 책은 구입하신 서점에서 바꿔 드립니다.

만든 사람들
편집 박혜민 | 디자인 이세연

나의 사랑하는 남편, W. 브루스 카메론에게

내가 다시금 개에게 마음 열기를 간절히 바라며
감동적인 이야기를 들려준 당신,
그 이야기는 결국 《개의 목적》🐾이라는 책이 되었고
수백만 명의 사람들이 다시 개에게 마음을 열도록 도와줬지.

그리고 사랑하는 반려견, 터커에게

우리가 가족으로 품은 너,
이 책 속 눈부시게 아름다운 그림들의 모델이 되어 주어서 고마워.
너는 지상에 내려온 천사,
영원히 나의 천사로 남을 거야.

🐾 W. 브루스 카메론이 쓴 소설로,
〈베일리 어게인〉〈안녕 베일리〉라는 두 편의 영화로도 제작되었다.
국내에서는 2024년 페티앙북스에서 번역 출간되었다.

추천의 말

처음 이 그림책에 대해 알게 되었을 때 나는 틀림없이 읽을 수 없을
거라고 생각했다. 무지개다리를 건넌 반려견이 반려인에게 보내는
편지라니. 아니나 다를까 겨우 두 페이지를 넘겼을 뿐인데 눈물이
차올랐다. 고백하자면 나는 이 그림책에 실린 글을 전부 꼼꼼히
읽지는 못했다. 읽을 수 있는 부분은 읽었고, 읽을 수 없는 부분은
그림에만 오래오래 눈길을 두었다. 하지만 그렇게 읽는 방식만으로도
나는 특별한 위로를 받았다. 내가 나의 개에게 듣고 싶은 말을, 내가
나의 개를 향해 품고 있는 사랑을 책 속에서 발견할 수 있었으니까.
반려동물의 육체와 이별하는, 매우 커다랗지만, 너무 자주 몰이해되는
깊은 슬픔 속에서 외로워하는 이들에게 이 책을 건넨다. 그들에게
따뜻한 위로와 공감의 선물이 되길 바라는 마음으로.

— 백수린 소설가

17년을 함께한 고양이 호진이, 10년째 같은 공간으로 출근하며 일상을 나눈 강아지 택수가 나를 사랑하는지는 나는 알지 못하고, 아마 영원히 알 수 없을 것이다. 어쩌면 굳이 알고 싶지 않기도 하다. 다만 그들을 만나고 크게 달라진 나 자신에 대해서는 알고 있다. 그리고 그 이전으로 돌아갈 수 없다는 것도.

어떤 만남과 이별은 때때로, 우리가 세상을 바라보고 살아가는 방식을 어이없을 만큼 단숨에 바꾸어 버린다. 그 과정에서 걷잡을 수 없이 연약해지거나 믿을 수 없을 정도로 강해지는 나를 발견한다. 무름과 단단함 사이를 자꾸만 오가게 되는 것이 사랑의 피할 수 없는 속성일지도 모르겠다.

이 책을 그 이전의 삶으로 돌아가길 원하지 않는 이들과 함께 읽고 싶다. 부드러운 털을 처음으로 쓰다듬던 순간을 기억하는 사람들, 공을 던지고 같은 시간에 함께 산책하는 일을 하루의 일부로 만든 사람들, 늘 더 많은 시간을 내주지 못해 미안해하는 사람들, 무엇보다 우리만큼 오래 머물지는 못해도 우리보다 충만하게 행복을 누리는 현명한 동물들의 곁에 있기를 기꺼이 선택한 사람들과 함께.

— 정멜멜 사진가

나 여기 네 곁에 있어

네가 꼭 알아야 할
소중한 진실을 말해 줄게

네가 느끼고
듣고
보고
맛보고
냄새 맡아야 하는 진실
    뭐니 뭐니 해도
    냄새 맡는 게 최고지

그건 바로,
내가 네 곁에 있다는 거야
나는 여전히 너의 개야

너에겐 내가 떠난 것처럼 보일 거야

어찌 보면 그렇기도 하지
나의 털, 발, 꼬리, 숨결

그런 것들은 떠났으니까

그래도 난 언제나 여기 있어					바로 네 곁에

난 너와 함께 걷고 있어

너와 함께 자고
너와 함께 꿈을 꿔

꿈꿀 때가 제일 좋아
꿈속에서 우린 달리고 또 달리니까
넌 지칠 줄 모르고 공을 던져 주지
난 지칠 줄 모르고 공을 쫓아가

온 마음 다해 귀 기울여 봐
그럼 들릴 거야

내 발톱이 바닥을 긁는 소리

네가 가끔 진짜로 그 소리를 듣는다는 거
알고 있어

네가 그 소리를 들을 때면
혹시 나인가 해서 얼른 돌아본다는 걸
알 수 있어

맞아 나야!

좋은 점도 있지

네가 어딜 가든
함께 갈 수 있으니까

언제나

늘

항상

우린 떨어져 있지 않아
난 몸만 없을 뿐
영혼은 남아 있어
    진짜 중요한 건 영혼이지

언제나 너와 함께 있고
언제나 너를 사랑하는
나의 영혼

넌 꿈속에서
내가 곁에 있다는 걸 느끼지

난 네가 깨어 있을 때도
그걸 느끼게 해 주고 싶어

왜냐하면

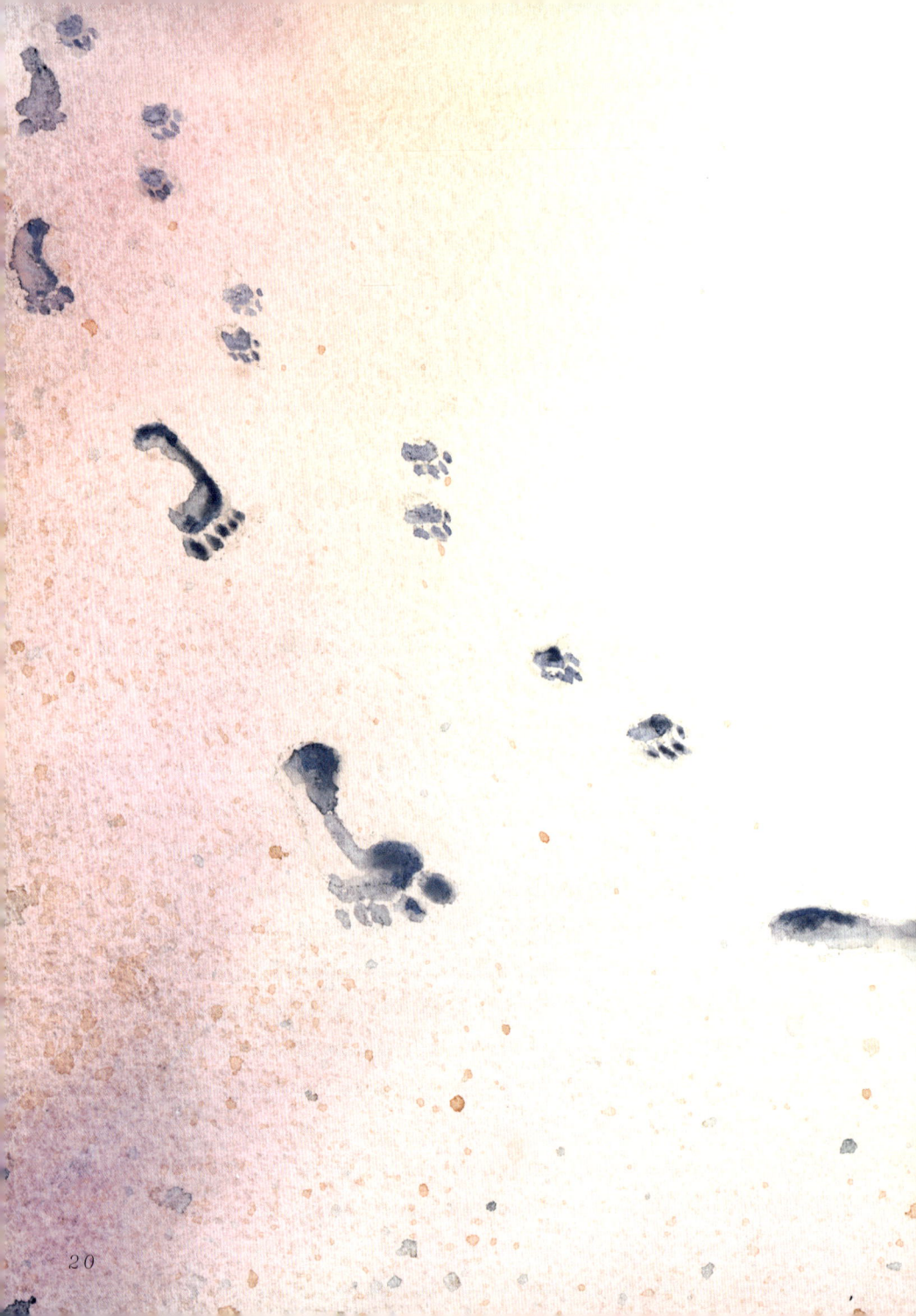

나는 정말
네 곁에 있으니까

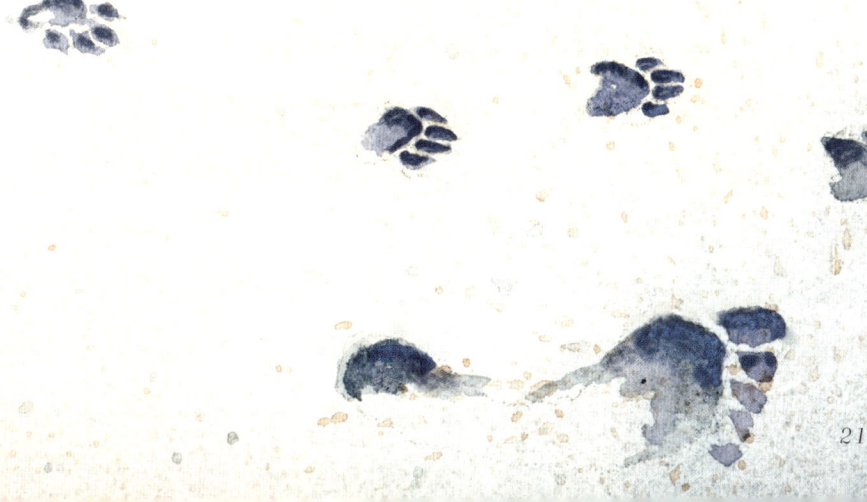

내가 여전히
여기 있다는 게
이상할 수도 있겠네

왜냐하면 나는
무지개다리 건너에 있기도 하니까

거기는 경이로운 곳이지
거기선
고통도 못 느끼고
여기서 사랑했던
모든 사람,
모든 동물과
함께할 수 있어!

그러니 아무 걱정 마

우리 모두 널 기다리며

지켜보고
사랑하고
인도해 줄 거니까

네가 무지개다리를 건널 때가 되면
난 사람들과 마중을 나갈 거야

도착하면
네가 사랑하는 모든 영혼이 달려오고
사람들은 이런 말들을 외칠 거야

환영해!
우린 네가 보고 싶었어!
내 친구!
우리 딸!
천국이야!

거기선 모두가 달리고 또 달려
놀고 또 놀아
자고 또 자
배고픔도 모르게 돼

그래도 거기엔 늘

맛있는 간식이 있지!

여기에서와 마찬가지로
무지개다리 건너에서도
개들은 사람의 모든 감정을
코로 맡을 수 있어

환희, 더없는 행복, 평온

여기 사람들은
이런 말들을 할 때 그런 감정을 느끼지

생일 축하해!
새해 복 많이 받아!
저녁 먹자!

하지만 무지개다리 건너에서는
늘 그런 감정을 느껴

사실, 개들은
어디서든
거의 항상
그런 감정을 느끼지

늘 그런 감정을 느낀다니 믿기 어려울 거야

그래서 우리는 사람들에게
개들처럼
늘 행복으로 충만한 삶을 살아야 한다는 걸
깨닫게 해 주려 많은 시간 애썼지

무지개다리 건너에 있다가도
얼마 후면 개들은 돌아와

                        여기로

아마 사람들도 돌아올 거야
사람들이 얼마나 대단한데 못 돌아오겠어?

사람들은 할 수 있는 일들이 참 많지
언제든 마음대로 차도 탈 수 있잖아!

사람들은 정말 대단하다니까

하지만 개들은
마음대로 차를 탈 수 없는 것처럼

여기로 언제 돌아올지도
마음대로 정할 수 없어

바로 그래서

내가 여기
네 곁에 남아 있는 거지

말하는 것과 짖는 건 달라
당연히 개는 짖어

하지만 개가 짖는 건
그냥 짖는 거지
말하는 게 아니야

말은 사람들이나 하는 거지

                                                  불쑥
                         가끔은 아무 생각 없이

한 번씩
    혹은 그보다 자주
짖고 싶은 마음이 생겨

짖기 시작하면
얼마나 신나는지
멈추기가 어려울 때도 있어

아니 그런데
                            굳이 왜 멈춰야 하지?

내가 짖다가 멈추는 이유는 단 하나
너를 기쁘게 해 주기 위해서지

하지만 가끔은
짖고 싶은 욕망이 몹시도 깊고 간절해서
도저히 멈출 수가 없어

짖을 수밖에 없어

말은
짖는 것과 달리
무언가를 의미하지

이를테면
닭고기는

                         닭고기를
                    의미하잖아!

사람과 개가 사랑을 나누며 살 때
개가 사람 말을 알아들으면
아주 편리하지

개는 바로 알아
사람이 무얼 원하는지
무얼 갖고 있는지

닭고기 같은 거 말이야

내가 좋아하는 말들은 아주 많아

닭고기
아까 이미 말했다는 거 알지만,
또 해도 될 만큼 좋은 말이지

산책 가자
정말 신나는 말이야

착하구나
아마도 최고의 말일 거야

목욕

안 돼

그만

이건 좋아하는 말들이 아냐

하지만 살다 보니
경험으로 알게 되었어

착한 개가 되려면
목욕 정도는
참고 견뎌야 한다는 걸

개는 말이 필요 없어

행복이나 슬픔 같은 감정들을
냄새로 알 수 있거든

우린 닭고기 냄새도 맡을 수 있어

닭고기가
제일 중요한 말이라는 건 아니지만
그래도 꼭 기억해 줘

닭고기는
아주아주 중요한 말이지!

그렇긴 해도, 사실
감정을 나타내는 말들이
제일 중요하지

이를테면 이런 말들

사랑해
착하구나

만약 세상에서 단어가 줄어든다면

착한 개라는 말을
꼭 남기고 싶어

앉아

그건 내가 좋아하는 말이 아냐
절대로

　　　　　　　　　　앉아

그 말은
물건이나 감정을 뜻하는 게 아니라
개들에게 재주를 부리라는 뜻이야
끔찍하게 힘든 재주

　　　　　　　　　　앉아

그 말은
한동안
어쩌면 오랫동안
개가 되지 말라는 뜻이야

　　　　　　　　　　앉아

그 말은
어서 달리고 싶어서
뒷다리가 후들거리는데,
흙이나 카펫이나 어디에든
발톱을 기분 좋게 박고
튼튼한 다리로 내달리는
황홀한 기쁨을 만끽하고 싶은데
앉아 있으라는 뜻이야

그럼 난 다리에게
달리지 말라고 말해야 해

다리는 달리라고 만들어진 건데
진짜 말도 안 되는 거지

하지만
내가 앉아야
사람들이 좋아하니까
    내가 원하는 건 오직 그것뿐이야

앉아야
착한 개가 되니까

그러니까
앉는 거야

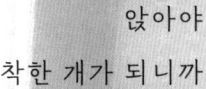

내가 더 이상

앉아

이 말을 들을 필요가 없는
아주 착한 개가 될 때까지

'앉아'보다
더 끔찍한 말은

기다려

기다려

개들은
그 말의 의미를
알게 되면

설마 사람들이 진심으로 하는 말은
아닐 거라고 생각하지

앉아

정말이지 이것도
터무니없는 요구인데

그것도 모자라

기다려

기다려

기다려

사람들이 이 말을 몇 번씩 반복하는 건

너무 끔찍해서
개들이 도저히 받아들이지 못하기 때문이지

기다려

정말 그렇다니까

그렇지만 나 같이 착한 개들은
시키는 대로 해

우린 그렇게 착해

얼마나 대단한지 알겠지
가만히 기다리는 개들 말이야

나도 알아
개는 사람만큼 오래 못 산다는 거

그건 어쩌면
사람은 개만큼
기쁨을 누리지 못하기 때문일 수도 있어

개들은 기뻐하다가 지치기도 하지만
그건 좋은 일이지

가끔은 기쁨을
주체할 수가 없어

그래서
사람들이 '우다다'라고 부르듯
실컷 뛰어다닌 후엔
낮잠을 자야만 하지

난 낮잠을 좋아하니까
아무 문제 없어

어쩌면
개가 사람만큼 오래 살지 못하는
또 다른 이유는

사람들에게 무지개다리 건너는 법을
알려 주기 위해서일지도 몰라

                          여기서 거기로 건너가는 게
                          별일 아님을 알게 해 주는 거지

우리가 앞장서야
사람들을 안내할 수 있잖아

                개는 그걸 잘하지

사람들은 항상
개를 산책시킨다고 말하지만

농담도 참!
사실은 개가 사람을 산책시키는 거야

내가 사람들과 살면서
진짜 이해할 수 없었던 건
'창피한 깔때기'야

사람들이 그렇게 부르더군

내가 아무 말썽도 없이
킁킁대고 돌아다니면서
행복한 개의 삶을 즐기고 있는데

갑자기 누가 내 목에
창피한 깔때기를 씌웠어

그다음에 밖으로 나갔는데
사람들이 나를 보고 놀리는 거야

창피한 깔때기! 창피한 깔때기!

내가 나쁜 개라도 되는 것처럼 말이야

나 나쁜 개 아냐!

창피한 깔때기가 제일 끔찍한 건
가려울 때야
긁고 싶어 죽겠는데
창피한 깔때기 때문에
도저히 긁을 수가 없어

          이건 창피한 깔때기의
            나쁜 점 중 하나지

            사람들은 그걸
             전혀 모르나 봐

안다면 우리한테 그런 걸 씌울 리 없어

결국
창피한 깔때기의 시간은
끝나지만

그 기다림은 얼마나 길고 긴지

강아지는 도무지 질릴 줄을 몰라
뛰고, 뛰고, 또 뛰고
물어뜯고, 물어뜯고, 또 물어뜯고
그러다 쌔근쌔근

강아지는 훈련을 받는데
진짜 어이없는 것들을 배워
이를테면 배변 훈련
사람들은 그걸 엄청 신경 써

오줌 쌀 때 다리를 들지 말아야 하고
실내에서 똥을 싸야 한다는 걸 알게 되는데
아, 얼마나 혼란스러운지!

목줄

그건 그냥 미친 짓이야
목줄 때문에 사람들은

개를 자꾸 혼내고
그 바람에 다들 기분이 상하지

강아지 때는

목줄을 끌어당기는 게
너무도 당연하고
기분도 끝내줘

그렇지만 사람들이 싫어하니까
결국 안 하지

나 이제 여기서
    비록 개의 몸은 없지만
너를 지켜보며
너를 끌어당기고 있어

                    더 많이 감사하고
                    덜 걱정하도록

      목줄을 제멋대로 당기는 천방지축 강아지처럼
                    행복을 향해
                너를 이끌고 있어

            오직 마음의 힘으로

                그게 느껴지니?

난 어린아이들이
강아지 같을 줄 알았는데
전혀 아니더라

무엇보다도, 많이 울어
    진짜 많이

하지만 아이들은

사랑하기
제일 쉬운
존재들이지

                            왜냐하면

                   개의 목적이
                     사람들을
            더 즐겁게 살도록
              이끌어 주는 건데

                아이들은 애초에
        즐거움을 누리기 위해 존재하니까

우리가 처음 만난 날
기억나?

난 또렷이 기억해
그때 처음 맡은 너의 황홀한 향기

이젠 너무도 익숙한
너의 냄새

그 냄새를 가진 사람은
이 세상에 너뿐이지

아무리 깊이 잠들어 있어도
네가 가까이 오면

너의 냄새는
나를 깨워

그 냄새가 맛있는 간식보다 좋아
나에게 최고의 선물은

바로 너

        난 기억하고 있어

      우리가 처음 만났을 때
       내 털을 쓰다듬던
        너의 첫 손길

        난 기쁨에 떨며
         깨달았지

    여기가 내 집이구나

우리는 서로의 짝이 되었고
우리 둘 다 그걸 알았지

      우린 언제나 그 사실을 기억할 거야

다시 만날 때도
똑같을 거야

난 너의 냄새를
들이마시겠지

내겐 그게 세상의 전부야
네가 내 세상의 전부니까

개들에게 한 가지
충고하고 싶은 게 있어
이건 경험에서 우러난 말인데

신발
물어뜯지
마

진지하게 하는 말이야
그러지 마

신발 뜯는 맛이 기가 막히긴 해도
사람들이 엄청 화내거든

네가 내 몸을
쓰다듬어 줄 때 말이야

    도대체 어떻게 아는 거야?

치즈와 꽃 향기가
배어 있는
너의 멋진 손으로
어딜 만져 줘야 하는지
정확히 알잖아

화려한 손놀림으로
내 엉덩이도 긁어 주고
내 발이 잘 닿지 않는 귀 뒤
정확히 그 부분을 쓰다듬어 주잖아

오 그래!
바로 거기야, 그래!

내가 배를 보이고 벌렁 누우면
너의 완벽한 손바닥이
살며시 배를 문질러 주지

내가 간절히 원하는 바로 그 부분을
어떻게 아는 거야?

넌 그냥 알지

왜냐하면
넌 마법 그 자체니까

개의 몸을 가졌던 시절을
그립게 만드는 것들이 몇 가지 있는데

바스락거리는 껍질이
그중 하나지

먼저
크고 차가운 문이
슈우욱 소리를 내며 열리고
맛있는 냄새들이 한꺼번에 풍겨

일일이 다 이름을 댈 수 없지만

닭고기
치즈
베이컨

그런 것들이 떠오르지

넌 문 안으로 손을 넣어
네모난 조각을 꺼낸 다음
내 앞에 무릎 꿇고 앉아

바스락거리는 껍질을 바스락거리며 벗기고
입에서 살살 녹는 치즈를 꺼내지

치즈도
아무리 말해도 질리지 않아

목욕과는 다르지
아까도 말했듯이
목욕은 없어도 되는 말이야

너는 그 기적의 손을 써서
바스락거리는 껍질을 벗겨

있잖아
나도 앞발 말고
그런 손이 달렸으면
할 수 있는 게 많을 거야

그냥 그렇다는 말이야

네가 치즈를 내밀면

내 혀는
혀는 언제나
좋은 소식만 전해 주지
어느새
입술을 핥기 시작해

나도 어쩔 수가 없어

네가 '얌전히'라고 말하면
나는 무슨 뜻인지 알아듣고

조심스럽게, 살며시
입술 끝으로
치즈를 받지

이빨로 살짝 깨물면
치즈 향이 코에 가득 차고
혀 위에서는
맛의 폭발이 일어나지

그럼 난 환희에 차서
몸을 씰룩씰룩

왜냐하면 그 작은 치즈 조각이
바로 사랑의 맛이거든

나에 대한
너의 사랑

무지개다리를 건넌 개들이 부릴 수 있는
재미난 재주가 있어
　　거기 있는 사람들도 그 재주를 부릴 수 있지

우린 거기서
　　여기 있는
날개 달린 것들과
마음이 통해

그래서 너에게 대신 인사를 전해 달라고 부탁하지

날개 달린 것들은
그 부탁을 들어줘

녀석들은 아주 끈질기게 해내

안녕! 안녕!

날개 달린 것들이 네 주위를 맴돌며 하는 말이야

네가 그 말을 알아들을 때까지
네 곁을 떠나지 않을 걸

혹시 말이야
날개 달린 것들이
네 곁을 맴돈다면

　　　　　　　　　무지개다리 너머에 있는 누군가가

너에게
안녕, 안녕 인사하는 거야!

너도 안녕이라고 인사해 줘
그럼 우리 모두 기쁠 거야!

사람이라는
경이로운 존재만이
공이라는
굉장한 걸 만들 수 있지

공을 입에 물어 보면
내 말이 무슨 뜻인지 알 수 있을 거야

넌 정말 최고야
너도 나만큼
공을 좋아하면서도
나에게 공을 던져 주잖아

    마치 그 순간엔
    공이 싫은 것처럼 연기하면서

훌륭한 연기야!

그럼 난 공중으로 날아올라
공을 잡으며
공이 입에 착 감기는 느낌을 즐기지

내가 공을 물고 너에게 달려가면
넌 공을 갖기 싫은 것처럼
또 던지고

우리 둘 다
신바람이 나서
던지고 받고 던지고 받아

                    낮잠이 찾아올 때까지

우린
공놀이할 때

오로지
공만 생각해

공은 지금이고

그 순간
우리의 전부야

공, 공, 공

혹시
사람이 최고라는 게
의심스러워지면
공을 떠올려 봐

가끔 드는 생각인데
사람들은 개처럼
냄새를 잘 맡진 못하는 것 같아

사실이라면 무척 슬픈 일이지

킁킁 냄새 맡는 게
삶에서
최고로 좋은 부분이니까
    아니, 사람이나 개의 감정을
    냄새가 아니면 무엇으로 알아낼 수 있겠어?

분노

사랑

두려움

그런 감정들을 냄새로 아는 건

아주 중요해

기쁜 소식 하나 전해 줄게

무지개다리 건너의 냄새들은 훨씬 더 좋아

                                      프라이드치킨 냄새가 나면
                                      난 황홀한 맛을 기대하며
                                              침을 흘리고
                                      혀로 입술을 핥곤 했지

무지개다리 건너에선
냄새가 더 기가 막혀!

그리고 거기선

언제나 내가 원하는 만큼
실컷 먹을 수 있지

                              그런데 사람들은 여기서

심지어 거기서도

                              서로 킁킁 냄새 맡는 걸
                              중요하게 여기지 않는 것 같아
                                  사실 굉장히 중요한데

                                사람들이 안타까워
                              나름으론 최선을 다하는 걸 테니까

네가 보기엔
내 꼬리가 제멋대로 움직이는 것 같겠지만

아니
그렇지 않아

사실 내 꼬리는
영혼과 곧바로 연결되어 있고
우리의 영혼은 영원히 살아

핵, 핵, 핵

들리니?
내 꼬리가 말하는 소리

그건 바로 지금
내 영혼이
너에게 느끼는 감정이야

내 생각엔
사람들은 너무
두려움이 많은 것 같아

개들도 목욕 같은 끔찍한 것들을 두려워하지만

일단 목욕을 시작하면
계속 두려워하지 않고
극복하지

결국 다 괜찮아지거든

그런데 사람들은
무서운 일이 벌어지고 있지 않을 때도
공포의 냄새를 풍겨

목욕도 안 할 건데

두려움은 좋을 게 없어
그래서 개는
사람들이 두려움을 이겨 내도록
도와주려 하지

두려움은 사랑을 몰아내
두려움은 기쁨을 몰아내
두려움은 삶을 몰아내

사람들에게 조언하고 싶어
개들처럼 살라고
그만 좀 두려워하고, 더 많이 사랑하라고

만일 내가 사람처럼
위대한 존재라면

장난감이 더 많았을 텐데

주위를 둘러보면
물어뜯고 흔들어 댈 것들이
널려 있겠지

나쁜 개들이 물어뜯는 **신발** 말고
　아까도 말했다시피
　신발은 장난감이 아니니까

착한 개가 찢어 놓을 장난감이
수두룩했을 거야

장난감은 찢어야 제맛이란 걸
개들은 다 알거든

사람처럼 힘이 센
존재들이
찢을 걸 갖고 있지 않다는 게
정말 놀라워

사람들은 장난감이 거의 없어
우리에게 다 주니까

그건 그만큼 우리를 사랑한다는
증거일 거야

사람들은 정말 경이로운 존재야
문을 열 줄 알고
먹을 게 어디 있는지도 다 알지

개는 사람에게
감탄하고 또 감탄해

그렇게 우리를 완전하게 사랑해 주니까
우리는 널 마중 나갈 거야

네가 무지개다리를
건너는
행복한 날에

꼭 알려 주고 싶은 게 있어

우리가
무지개다리 건널 때

사람들이 도와주는 걸
얼마나 고마워하는지 몰라

대개 사람보다 개가 먼저 떠나잖아

때가 되면
개는 사람에게
온몸으로 신호를 보내지

　　　　　　　　　　무지개다리 건너는 걸
　　　　　　　　　　　도와달라고

개는
사람의 도움을 받아
무지개다리를 건널 때

단 한 가지 진실을 품고 떠나지

        그 사람 덕에 최고의 삶을 누렸다는 것

귀를 긁어 주고
배를 문질러 준 손길
차 타고 신나게 달린 추억
맛있는 간식

그런 것들만 기억해

목욕 같은 건
아예 생각도 안 나

네가 준 사랑은
모든 면에서 완벽했어

고마워

                               나는 가끔
                    사람들이 알 수 없는 행동을 해

이를테면
대부분의 사람에겐 짝이 필요한데

가끔은
     이런 말 미안하지만
좋은 짝을 찾아내는 실력이
아주 형편없잖아

                                   나쁜 짝은
                      냄새로 확실히 알 수 있는데
                                  코로 킁킁
                     냄새도 안 맡아 보는 모양이야

나쁜 짝 냄새는 말이야
방금 목욕한 개 냄새처럼 고약해

정말 고약하다니까
우리는 알 수 있어

난 나쁜 짝의 냄새를 맡으면
사람들에게 그걸 알려 주려고
최선을 다해

나쁜 짝에겐 절대 가까이 안 가지

가끔은 그게 효과가 있어

개들의 코는 진실을 아니까
얼마든지 믿어도 돼

네가 꼭 알고 기억해 둘
진실이 있어

넌 언제나 사랑받고 있다는 거야

나에게
다른 사람들에게
다른 존재들에게

그리고 어디에서든
우리를 돌보는 신에게

네가 가끔 잊어버리는 것 같아서
말해 주는 거야

다른 건 다 잊더라도
이것만은 기억해 둬

넌 아주 많이 사랑받고 있어

내가 여기서 개의 몸으로 살았을 때
제일 중요한 목적은
네가 사랑받고 있음을 알게 해 주는 것이었지

지금도
나의 제일 중요한 목적은
네가 아주 많이 사랑받고 있음을

잊지 않게 해 주는 거야

나는 개의 몸으로
여러 생을 살았어

가끔은 덩치가 컸고
공을 잡기에 아주 좋았지

때로는 작은 개였는데
그 덕에 대장 노릇을 했지

물론 난 다 기억해

그 모든 생들

그리고 사람들

제일 좋은 건
다른 개의 몸으로
너에게 돌아오는 것

내가
무지개다리를 건너면서
마지막으로 무슨 생각 했는지 알아?

                         네가 다시 개를 품었으면 좋겠다

그게 나일 수도 있잖아!
    아님 내 친구가 갈 수도 있고

아무튼
착한 개가 너에게 갈 거야

개들은 저마다 영혼이 다르지만
그래도 모두 착해

슬퍼하거나 화를 내거나
심지어 못되게 굴 때도 있지만
오래 그러진 않아

개는 본래 해맑거든
사람처럼 복잡하지 않지

개는 사람을 사랑한다는 진실

우린 그걸 기억해 내기까지
오래 걸리지 않아

좋은 사람 한 명만 있으면
기억해 낼 수 있지

물론
개의 목적은
사람을 사랑하는 것

우린 그렇게 태어났지

                그리고 우리가 사람을 사랑하는 방식은
                    행복을 향해 이끌어 주는 거야

                    우린 베이컨 냄새를 맡듯
                    행복의 냄새도 맡을 수 있어

                    개는 사람을 행복으로 안내하지

                    그러니 우리 신호에 관심을 기울여 쉬

나 여기서
개의 몸으로 살 때
진짜 좋아하던
재주가 있었는데

스스로 목줄을 물고 집에 가는 거였어

목줄을 입에 물고
문으로 달려가면
그때마다 간식을 받았지!

늘 같은 문은 아니었지만

                              난 달리는 게 즐거웠어
                        목줄을 흔드는 것도 즐겁고
                줄을 내 맘대로 다루는 것도 즐거웠지

                            그렇게 쓰리고 있 는
                                목줄은 아니지만

무지개다리를 건너
여기서 거기로 가는 건
내가 몹시도 좋아한
그 재주

스스로 목줄을 물고 집으로 가는 것과 비슷해

목줄을 물고 신나게 달리는 건
멋진 곳으로 가는 길이기 때문이지

집

집은 사람들이 행복의 냄새를 풍기는 곳
어쩌면 집은
행복한 곳의 또 다른 이름인지도 몰라

이를테면
'무지개다리 건너'처럼

거기는 내가 살아 본 곳 중에서
가장 행복한 곳이지

너에게 알려 주고 싶어

무지개다리 건너
여기서 거기로 가는 길은

내가 목줄을 물고 집으로 달려갈 때처럼
신바람이 날 거야

                    거기 도착해서 네가 받을 선물은 바로 나
                        그리고 네가 사랑한 모든 이들

우리와 함께 있으면
그곳이 바로 집이지

              널 기다릴게

걱정 마
속지 마

우리의 영혼은 영원하고
너의 영혼은 나에게 더없이 소중해

언제까지나
넌 나라는 개의 목적이야

그러니까

**난
항상
네 곁에
있어**

캐스린과 나, 우리의 개 이야기

나는 캐스린 미송이 처음으로, 그리고 유일하게 마음을 주었던
반려견 엘리를 직접 만나 본 적은 없었다. 하지만 《개의 목적》이라는
소설을 쓰면서 이 도베르만 개의 이름을 따서 소설 속 경찰견의
이름을 엘리라고 지었다. 애초에 엘리 덕에 탄생하게 된 소설이었으니
그건 지극히 당연한 결정이었다.

 나는 일 때문에 로스앤젤레스로 이사한 후에 아름다운 여성
캐스린과 만나기 시작했다. '만난다'는 건 '데이트'를 의미하지만 내
나이를 고려하면 민망한 노릇이었고, 캐스린이 자신의 부모님을
만나러 가자고 했을 때 나는 그런 단계를 밟기엔 너무 늦었다고
생각했다.

 아무튼 우리는 부모님을 만나러 로스앤젤레스에서
샌프란시스코까지 차를 몰고 가게 되었다. 나는 그녀의 아버지가
로버트 드 니로(영화 〈미트 페어런츠〉에서 딸의 남자친구를 못마땅해
하는 아버지 역할을 맡음—옮긴이)보다는 친절하기만을 바랄 수밖에
없었다. 그런데 차를 몰고 샌프란시스코를 향해 달리던 중에 캐스린이
나에게 충격적인 선언을 했다. "난 다시는 개를 키우지 않을 거야.
또다시 개와의 이별을 겪을 순 없어."

 나 역시 반려견을 잃어 본 슬픈 경험이 있어서 그 애도의 고통을
잘 알고 있었지만, 새로운 개를 입양했을 때 찾아오는 기쁨과 다시

마음이 충만해지는 느낌도 알고 있었다. 어떻게 하면 그녀에게 개의 사랑은 그 모든 걸 감수할 만한 가치가 있다는 걸, 그녀가 다시 마음을 열기만 한다면 엘리와 나눴던 지극한 사랑을 다른 개를 통해서도 얻을 수 있다는 걸 이해시킬 수 있을까?

나는 이야기로 마음을 전하는 사람이기에 즉석에서 이야기를 지어냈다. 영원히 죽지 않고 환생을 거듭하는 개의 이야기를. 결국 첫 주인이었던 소년에게 돌아간 개는 여러 생에서 얻은 교훈을 통해 소년을 구해 준다.

누구나 알다시피 개의 사랑은 늘 무조건적이고, 늘 경이롭다. 또한 특별한 관심을 기울이면서 주의 깊게 살펴보면 새로 만난 개가 세상을 떠났다가 다시 돌아온 예전의 소중한 반려견이란 걸 알게 될 수도 있다.

다행히 캐스린은 내 이야기를 받아들였고, 우리는 새로운 개 터커를 함께 입양했다. 이 아름다운 책에 등장하는 천사 개의 모델이다. 나는 캐스린이 그 이야기를 너무 좋아해서 나와 결혼해 준 거라고 입버릇처럼 말한다.

터커와 나, 둘 다 캐스린에게 고마워하고 있다.

― W. 브루스 카메론 영화 〈베일리 어게인〉 〈안녕 베일리〉 원작 소설가

감사의 말

먼저 최고의 에이전트 제인 다이스텔Jane Dystel에게 감사의 마음을 전한다. 제인은 이 프로젝트가 시작된 날부터 응원을 보내 주었고, 뛰어난 편집자로서 모든 과정을 훌륭하게 이끌어 준 진 루카스Jean Lucas를 만나게 해 주었다. 앤드루스 맥밀Andrews McMeel 출판사에서 책을 낼 수 있었던 건 무한한 영광이었으며, 모든 면에서 완벽했던 팀 전체에 감사한다. 그리고 나의 일러스트레이터 세스 테일러, 그는 놀라운 재능을 지녔으며 개를 사랑하는 사람이다. 그의 모든 작업에 깊이 감사한다. 그래픽의 마법을 보여준 도드 레벤슨Dode Levenson에게도 감사한다. 그리고 나의 천재적인 남편 W. 브루스 카메론에게도 고마움을 전하지 않을 수 없다. 그는 나에게(그다음엔 세상 사람들에게) 환생하는 개의 영혼에 대해, 지상을 떠나 천국으로 갔다가 다시 돌아오며 주인을 영원히 기억하고 사랑하는 개에 관해 이야기해 주었다. 마지막으로 나의 개 터커, 최고의 개(세상의 모든 개가 그렇지만)일 뿐 아니라 이 책의 표지를 비롯한 많은 그림의 모델이 되어 주어 고맙고 또 고맙다. 터커는 목욕 빼고는 다 좋아한다. 목욕에 대해선 미안하구나, 친구······.

— 캐스린 미송

창의적인 삶이 가능하다는 걸 보여 주고, 나에게 그런 삶을 살아갈 수 있는 도구를 주었으며, 내가 스스로 길을 찾을 수 있도록 믿어 준 어머니, 아버지, 프랭크, 프리츠에게 감사한다.

어떤 폭풍이 휘몰아쳐도 침착하게 중심을 잡아 준 나의 에이전트 존 루돌프John Rudolph에게도 감사한다.

이 책의 그림을 그리는 데 길잡이가 되어 준 몰리, GR, 보시퍼스, 미스터 Z, 리언, GD, 에스미, 페니, 금강이, 음광이에게 고마움을 전한다. 머물러야 할 만큼 머물다 간 커스터에게도 고맙다.

그리고 내 마음을 빛으로 가득 채워 주는 병연과 미나에게 감사한다.

— 세스 테일러

글 캐스린 미숑 Cathryn Michon

영화 각본가이자 제작자, 배우, 코미디언, 동물 보호론자, TV 진행자 등 다양한 경력을 가지고 있다. 장편 영화를 감독하고 쓰는 것이 삶의 기쁨이다. 〈쿡 오프!〉, 〈베일리 어게인〉, 〈안녕 베일리〉 등 각본을 썼고, 〈머핀 탑: 어 러브 스토리〉에서 감독, 주연, 각본을 맡았다.

그림 세스 테일러 Seth Taylor

30년 동안 12개국 이상을 여행했다. 티베트 탕카 그림, 한국 수묵화, 베트남 목탄 붓 그림을 포함한 다양한 미술 분야를 공부했으며, 그의 작품은 아시아와 미국 갤러리에 전시되어 있다. 또한 위스콘신주 엘리슨 베이에 있는 더 클리어링에서 명상적인 회화 수업을 진행하고 있다.

옮긴이 민승남

서울대학교 영어영문학과를 졸업하고 현재 전문 번역가로 활동 중이다. 제15회 유영번역상을 수상했다. 옮긴 책으로 E. M. 포스터의 《인도로 가는 길》, 카렌 블릭센의 《아웃 오브 아프리카》, 유진 오닐의 《밤으로의 긴 여로》, 앤드루 솔로몬의 《한낮의 우울》, 애니 프루의 《시핑 뉴스》, 앤 카슨의 《빨강의 자서전》, 메리 올리버의 《기러기》, 클라리시 리스펙토르의 《별의 시간》, 윌리엄 트레버의 《마지막 이야기들》, 폴 오스터의 《낯선 사람에게 말 걸기》(공역), 시그리드 누네즈의 《그해 봄의 불확실성》 등이 있다.